rico e s
de de s
e janeir
asceu, \
e de am
viniciu

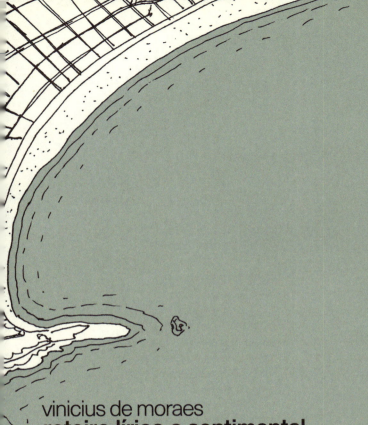

vinicius de moraes
**roteiro lírico e sentimental
da cidade de são sebastião
do rio de janeiro,
onde nasceu, vive em trânsito
e morre de amor
o poeta vinicius de moraes**
ORGANIZAÇÃO E APRESENTAÇÃO DE DANIEL GIL
ILUSTRAÇÕES DE JULIANA RUSSO

COMPANHIA DAS LETRAS

sumário

o epílogo das tramas 12
DANIEL GIL

cartão-postal 28
modinha 29
a cidade antiga 31
a cidade em progresso 36
lopes quintas (a rua onde nasci) 39
o namorado das ruas 40
redondilhas a laranjeiras 42
a volta do filho pródigo 43
lembrete 46
a lira que não escreveu gonzaga 48
o corta-jaca 52
história do samba 56
jogos e folguedos 57
jogo de empurra 59

tanguinho macabro 60
cidadão da gávea 64
ilha do governador (meio-dia em cocotá) 67
a primeira namorada 68
rua do catete (faculdade de direito) 70
rua das acácias 72
minha lapa 74
soneto do café lamas 76
avenida rio branco 77
copacabana 78
rua conde de lage 82
balada das lavadeiras 84
balada de botafogo 90
balada de di cavalcanti 93
as mimosas cravinas 97
chorando pra pixinguinha 99

relação das fontes originais 102
obra poética publicada pelo poeta 108
sobre o poeta, recomendado pelo organizador 110
sobre o autor 115
índice de títulos e primeiros versos 116

ROTEIRO LÍRICO

E

SENTIMENTAL

DA

CIDADE

DO

RIO DE JANEIRO

onde nasceu, amou
e espera morrer o
poeta

VINICIUS
DE MORAES

LOS ANGELES - 1949

o epílogo das tramas

DANIEL GIL

É comum chamar de "dispersos", "poesia esparsa" ou nome semelhante a soma dos poemas que não se encontram naqueles livros usualmente relacionados à obra poética. No mais das vezes, trata-se de um material póstumo recolhido de originais, da imprensa ou de publicações pouco óbvias. Em alguns casos, a coletânea acaba sendo incorporada à obra de maneira a se converter em parte indispensável. É o que observamos, por exemplo, nas sucessivas edições do *Eu*, de Augusto dos Anjos, com o acréscimo dos novos poemas efetuado por Órris Soares, em 1920, e o título *Eu e outras poesias*, da edição posterior. Outro exemplo importante é a obra de Fernando Pessoa: *Mensagem* foi o único livro publicado pelo poeta de "Tabacaria", permanecendo dispersa, portanto, a maior parte do contingente — inclusive a poesia de todos os heterônimos.

A poesia esparsa de Vinicius de Moraes, por sua vez, é relevante e numerosa. Nela encontramos a excelência de "Balada de Santa Luzia", "Cemitério marinho", "O eterno retorno", "O haver", "Lopes Quintas", "Sob o trópico do Câncer", "Soneto do Café Lamas" ou "Soneto com pássaro e avião"; e, em larga medida, o acúmulo é resultado da elaboração de dois projetos ambiciosos, nunca finalizados. O anúncio do lançamento desses títulos fora repetido muitas vezes pelo poeta, com grande eco nos principais veículos de imprensa — como na matéria de duas páginas, em 1972, do Suplemento Literário do jornal *O Estado de S. Paulo*, e mais duas páginas no Caderno B do *Jornal do Brasil* no início do ano seguinte. Ainda em 1973, Vinicius revela, em entrevista ao jornal *O Globo*, certa angústia de encontrar seus livros até então sem um desfecho:

Eu ainda estou terminando alguns poemas, mas o diabo é que meu trabalho em shows, e, agora, a obrigação de terminar o roteiro do filme *Polichinelo* e um novo disco com Toquinho, o primeiro que gravamos para a Philips, não me têm permitido atacar os dois livros como gostaria. Espero, no entanto, ao final da minha estada em Itapoã, tê-los prontos: *O deve e o haver* e o *Roteiro lírico e sentimental da cidade de São Sebastião do Rio de Janeiro, onde nasceu, vive em trânsito e morre de amor o poeta Vinicius de Moraes*, sendo que este será ilustrado pelo meu amigo Carlos Scliar.

O histórico de menções ao *Roteiro lírico*... deixa ver que a ideia desse projeto, em particular, perseguia-o desde o final da década de 1940 — o que se corrobora quando verificamos alguns dos originais mais antigos. E então veio a público, no jornal *Diário Carioca* de 30 de julho de 1950, o poema "Lembrete", possivelmente o primeiro a aparecer pressagiando o suposto lançamento do livro, com a seguinte nota: "de *Roteiro lírico e sentimental da cidade do Rio de Janeiro, onde nasceu, viveu e morreu de amor o poeta Vinicius de Moraes* (em preparo)". O mesmo poema compõe também, quase três décadas depois, a coletânea *O falso mendigo* (1978), organizada por Marilda Pedroso. Ali, entre outros poemas já bem conhecidos, figuram alguns dos que foram escritos tanto para *O deve e o haver* quanto para o *Roteiro lírico*..., somando, ao todo, onze poemas "dispersos" de Vinicius de Moraes.

A partir da publicação de *Antologia poética* (1954), o *Roteiro lírico*... seria anunciado no verso da página de rosto de praticamente todos os livros do poeta, listado entre outros títulos que estariam "em preparo" ou "a aparecer". No anúncio que consta da *Antologia poética* e do *Livro de sonetos* (1957), o título é apenas *Roteiro lírico e sentimental da cidade do Rio de Janeiro*. Em *Novos poemas (II)*

(1959), ele é mais completo, e até um pouco maior do que aquele do jornal de 1950: *Roteiro lírico e sentimental da cidade do Rio de Janeiro, onde nasceu, vive em trânsito e morre de amor o poeta Vinicius de Moraes*. Já em seu volume de crônicas *Para uma menina com uma flor* (1966), o nome do livro "a aparecer", no anúncio, alcança seu comprimento máximo e, ao que se sabe, final: *Roteiro lírico e sentimental da cidade de S. Sebastião do Rio de Janeiro, onde nasceu, vive em trânsito e morre de amor o poeta Vinicius de Moraes*.

É possível saber, com alguma precisão, quais poemas comporiam o livro, dado que versões datiloscritas de um índice — preservadas pelo Arquivo-Museu de Literatura Brasileira da Fundação Casa de Rui Barbosa — relacionam e ordenam metodicamente todos eles, ora com títulos provisórios, ora, quem sabe, definitivos. Os índices trazem também observações muito curiosas do poeta, como aquelas que assinalam a distribuição dos sete "poemas grandes" ao longo do livro, com a qual Vinicius parece buscar uma harmonia sequencial, forjando intervalos semelhantes entre cada uma dessas colunas mestras de seu "roteiro". E então se nota que poemas longos como a "Balada das lavadeiras" ou a "Balada de Di Cavalcanti" não foram marcados pelo poeta como um desses "poemas grandes". O balizamento cumpriria, pois, intenções específicas, indo além da régua objetiva, tendo a ver talvez com a representação dos lugares e dos sentimentos que, metonimicamente, resumiriam a sua própria condição de *ser da* cidade. Outro dado importante é uma legenda que indica os poemas "prontos", aqueles "em andamento" e os que restavam "a fazer". Daí percebemos que a maioria dos que se mostram de fato concluídos, ou, pelo menos, mais bem-acabados, pertence à primeira metade dos

quase sessenta poemas planejados para o *Roteiro lírico*...
O trato com esses documentos, acima de tudo, evidencia
ser enganosa a ideia que põe necessariamente em oposi-
ção o campo semântico lírico, amoroso, sentimental — ra-
dicalizado nesses poemas — e uma consciência plena do
fazer poético, a arquitetura da composição, o envolvimen-
to especializado e cerebral com o processo inventivo, ine-
rentes ao trabalho de qualquer grande artista. Revela-se,
ainda, a concepção do livro de poesia como *projeto*, o que
vem se tornando pauta cada vez mais presente nos espa-
ços contemporâneos de debate sobre literatura e criação.

Mas o livro nunca se realizou. Ao menos não com a su-
perfície, a extensão e todas as intenções com que Vinicius
de Moraes o imaginara. Por tal motivo, são indispensáveis
o zelo e o comedimento redobrados do organizador, uma
vez que se propõe a levar a público um projeto em curso,
incompleto, todavia valioso ao reafirmar muitas vezes, e
com algum ineditismo, as faculdades de um dos maiores
poetas da língua portuguesa. Esse propósito deve passar
pelo levantamento e pela averiguação de todas as fontes
possíveis: originais em várias versões, jornais e revistas de
época, seleções e coletâneas em que surgem "inéditos" e
até mesmo um princípio de prova tipográfica deixada por
Vinicius. Em seguida, é necessário comparar os textos que
se repetem, que se refazem, procurando distinguir dentre
eles os mais acabados, reconhecer das versões quais as
últimas. Para, só então, adentrar a tarefa delicada de res-
ponder às perguntas mais decisivas e menos objetivas.
Quais desses poemas disponíveis estão evidentemente
concluídos? Quais, conquanto nomeados e datados, con-
servam ou não sentido e valor se alheios à inteireza do con-
junto imaginado? Quais os que, ainda pendentes de algum
remate, aparecem à altura do poeta dos *Novos poemas* (*II*)
e de *Para viver um grande amor*? Ao final das sondagens,

dos cotejos, das conclusões, das escolhas, o que temos em mãos é um livro de poesia escrito por um grande poeta? E, nesse momento, a resposta mais importante, que aparenta ser positiva, chega como um desafogo.

Um dos desafios quando trabalhamos com o material deste *Roteiro lírico...*, bem como de toda a poesia esparsa de Vinicius de Moraes, deriva de uma das aptidões essenciais do poeta. Encontramos um grande número de exercícios de um *verse-maker*, de alguém com eminente facilidade para com a versificação, as rimas, os ritmos, a frase melodiosa. Esse atributo pode nos levar à tentação de aproveitar excertos inacabados, descartes, tentativas, estudos — pelo que neles se experimenta de fascinante ou lúdico ao defrontarmos o acúmulo documental. Ou de nos confundir diante de decisões importantes, se acreditarmos muito facilmente que, uma vez que se mostre como *inteiro*, o poema esteja devidamente *acabado*. Um bom exemplo é a evolução de "O namorado das ruas". Em seus originais mais antigos, o poema é muito maior, mantendo ainda o padrão métrico, as rimas e toda a brincadeira ambígua aprontada com nomes de ruas do Rio de Janeiro. E fica, a cada nova versão, um pouco menor, mais conciso e bonito. O que nos faz crer que, usualmente, Vinicius escrevesse de modo loquaz no primeiro momento de sua ação criativa, ainda que essa escrita exigisse um conjunto considerável de recursos técnicos. Em seguida, poderia cortar e alterar essa matéria-prima o quanto fosse necessário. O método teria sido o mesmo em "Balada de Botafogo", mas as circunstâncias e os critérios com os quais seus versos se fixaram não foram ordinários. Um de seus originais é datado de março de 1966, e o poema, então, está inteiro, acusando uma dúvida quanto a seu título: não fosse "Balada de Botafogo", seria "Botafogo F. C." (o nome abreviado do clube é, em verdade, Botafogo F. R.). A outra versão apare-

RELAÇÃO DOS POEMAS DO

"ROTEIRO LÍRICO E SENTIMENTAL DO RIO DE JANEIRO"

**sujeito ainda a eventuais modifi-
ficações.**

- 1- Cartão Postal *18*
- 2- Medinha *27*
- 3- A Cidade Antiga" *48*
- 4- A Cidade em Progresso *39*
- 5- Cidadãe da Gávea
- 6- A Minha Rua *17*
- 7- O Poeta em Trânsito (1º poema grande) *99*
- 8- Lembrete *47*
- 9- ~~Praia do Coret~~ *Ilha do governador (Cocotá ao Meu-Dia)*
- 10- Jogos e Folguedos (I) : Maria Mulata *29*
- 11- A Lira que não escreveu Gonzaga *60*
- 12- A Primeira Namorada
- 13- Tanguinho Macabro *116*
- 14- História de Samba (I): O Corta-Jaca *66*
- 14A- *A Faculdade de Direito*
- 15- Lapa de Desterro (ou de Bandeira) O 14B- RUA DAS ACACIAS
- 16- ~~O"Lama"~~ ████████████████████████████████
- 17- Galeria Cruzeiro
- 18- O Namorado das Ruas *57*
- 19- Copacabana (2º poema grande) *75*
- 20- Os Escravos de Job *27*
- 21- Rua do Catete
- 22- Jogos e Folguedos(II): Conde de Lage
- 23- Rua do Ouvidor
- 24- História de Samba(II): Lucio Rangel *26*
- 25- A Mulher Carioca
- 26- O Leviatã (3º poema grande)
- 27- @Muda da Tijuca
- 28- Lavadeiras Suburbanas
- 29- Botafogo F.C. - *Balada de Botafogo*
- 30- Praia do Pinto
- 31- Mercado Municipal
- 32- Jogos e Folguedos (III): A Sombra das Mulatinhas em Flor
- 33- Ipanema-Leblon (4º poema grande)

ce entre originais do início da década de 1970, e os papéis guardam apenas os versos que vão até "Ao som triste dos estudos/ De piano no entardecer..." — como se Vinicius quisesse reelaborar toda a segunda metade do poema. Por consequência, a considerar que a parte deferida pelo poeta não se bastava isoladamente, a opção foi oferecer ao leitor o poema completo, conforme a versão primordial.

A ponderação sugere, outras vezes, que um escrito permaneça incógnito. Se essa escolha, por um lado, priva o mais entusiasmado leitor de observar uma composição em processo, de espiar as curvas do pensamento criativo, da gênese literária, por outro preserva o poeta no patamar que ele próprio se estabeleceu — quando ainda podia determinar qual o rigor de uma poética cujo resultado viria a consagrá-lo e, inclusive, a atrair aquele mesmo entusiasta. Nessa perspectiva, optou-se por deixar de fora, por exemplo, um poema curioso como "Balada do bumba meu boi: As aventuras de um poeta carioca em Pernambuco". Seu original apresenta partes datiloscritas, versos à caneta, anotações e rabiscos; as oitavas regulares, que, de início, emprestam certo padrão formal à balada, passam a se desmembrar de maneira que não se sabe quais daqueles versos, porventura, seriam alternativas a outros; alguns segmentos, enfim, parecem mais constituir o registro de ideias elementares do que precisamente soluções. Ou seja, embora de corpo inteiro, é evidente que o poema passaria ainda por inúmeras mudanças e aprimoramentos até que ganhasse a superfície tencionada pelo poeta. Essa balada seria produto, entre os mais eloquentes, de uma proposta fundamental do *Roteiro lírico...*: a abertura sem pudor das formas poéticas a um erotismo que radicaliza o aspecto mais natural, sincero e cotidiano das experiências sentimentais, a ponto de testar sem medo os limites do *gosto* oficialmente instituído. É válido lembrar que o momento literário desse projeto coincide com a percepção crítica mais antilírica em toda a literatura brasileira, e que o livro seria, pois, um arrojado contraponto. Essa proposta, no mais, coaduna em várias ocasiões com a noção de malandragem, que é associada amiúde a um jeito de ser do cidadão do Rio de Janeiro. Oportunamente, registre-se que a "Balada do bumba meu boi..." seria um dos "poemas grandes" prescritos por Vinicius para o *Roteiro lírico*..., que, ao lado de "Um carioca em Paris", representariam esse cidadão ao largo do habitat natural, o estar-se deslocado — mas sem ônus à própria substância. Infelizmente, apenas dois desses "poemas grandes", ao que parece, se realizaram: "Copacabana" e "A volta do filho pródigo". Os dois devidamente fixados pelo próprio poeta: o primeiro acabou sendo publicado já em *Novos poemas (II)* (1959), e por isso é o único título, aqui, alheio ao âmbito dos "dispersos"; o segundo foi publicado em *O poeta apresenta o poeta: Cadernos de poesia, v. 4* (1969), uma coletânea portuguesa da poesia de Vinicius de Moraes organizada por Alexandre O'Neill.

Este *Roteiro lírico e sentimental...* segue o mesmo bom humor depositado nos poemas de *Para viver um grande amor* (1962). E imprime, agora, um interessante diálogo com certos elementos da cultura popular, por vezes folclóricos, reconhecíveis não somente no objeto representado, no vocabulário ou na esfera semântica, mas nos acentos, na repetição, no estribilho, no jogo de recursos. Sob essa óptica, apreendemos o sentido pleno de "O corta-jaca", "História do samba", "Jogos e folguedos", "Jogo de empurra", "Tanguinho macabro", isto é, da poesia que incorpora componentes de um imaginário típico, de cultivo dirigido ou espontâneo, provenientes do Rio de Janeiro e de cercanias. Em oportunidades diversas, podemos assinalar soluções inclusive arriscadas como "No bairro existe/ Uma casa e dentro dela/ Já morou certa donzela/ Que quase me bota fogo", que, no caso específico, desejam cair em conformidade com o estilo de letra das modinhas. Oriundas de cantigas brasileiras do século XVII, elas foram levadas à corte de Lisboa por Domingos Caldas Barbosa, e, após a influência de músicos portugueses e italianos, voltaram ao Brasil no início do século XIX e se fixaram então como um jeito marcadamente carioca de compor canções amorosas.

Algumas experiências importantes da poesia de Vinicius de Moraes, expostas nos livros mais conhecidos, ocorreriam também no *Roteiro lírico*... Logo no primeiro poema, "Cartão-postal", e, mais à frente, em "Avenida Rio Branco", deparamo-nos com o emprego do espaço gráfico para o suporte visual, em justaposição com versos imediatamente subsequentes, bem à maneira como o poeta fizera na última das *Cinco elegias* (1943) — quando acabou por prenunciar as vanguardas que viriam poucos anos depois. Igualmente, a aproximação das formas mais consagradas com o cotidiano e o coloquial, que passa por uma desassombrada variação de registros e que tem na moderna poesia brasileira o marco do "Soneto de intimidade" (*Novos poemas*, 1938), renova-se aqui com o impagável "Soneto do Café Lamas". A despeito de sua linguagem pendular, que articula um léxico sofisticado com o palavreado boêmio, com as gírias e as expressões familiares à malandragem, as opções formais são rigorosas e conversam com o clássico em expresso contraste. Seus dodecassílabos mantêm as mesmas rimas nos dois quartetos e oferecem uma alternância tradicional nos tercetos; ao longo do poema, algumas rimas internas se operam entre as cesuras, e, muitas vezes, as sextas sílabas coincidem com a tônica de uma oxítona, proporcionando dois hemistíquios perfeitamente simétricos; uma consecutiva reiteração dos fonemas /m/, /p/ e /b/ harmoniza-se com o signo "Lamas", ecoando-o, podendo ainda sugerir um ébrio balbuciar. Vale a transcrição:

> No Largo do Machado a pedida era o "Lamas"
> Para uma boa média e uma "canoa" torrada
> E onde à noite cumpria ir tomar umas brahmas
> E apanhar uma zinha ou entrar numa porrada.
>
> Bebendo, na tenção de putas e madamas
> Batidas de limão até de madrugada
> Difícil era prever se o epílogo das tramas
> Seria algum michê ou alguma garrafada.
>
> E em meio a cafetões concertando tramoias
> Estudantes de porre e mulatas bonitas
> Sem saber se ir dormir ou ir na Lili das Joias
>
> Ordenar, a cavalo, um bom filé com fritas
> E ao romper da manhã, não tendo mais aonde
> Morrer de solidão no reboque de um bonde.

Ao contrário do que se diz eventualmente, Vinicius de Moraes não deixou a poesia canônica ao ingressar de modo memorioso na música brasileira. Basta que nos limitemos a averiguar somente o que foi publicado em livro ao longo desse período: na *Antologia poética* (1954) foram lançados 41 poemas inéditos; o *Livro de sonetos* e os *Novos poemas (II)* (1957 e 1959, respectivamente) somaram mais dezenove, quase todos dentre os melhores do poeta; em *Para viver um grande amor* (1962), 42 novos poemas figuraram ao lado das crônicas, parte delas em prosa poética; "A brusca poesia da mulher amada (III)" serviu de preâmbulo para o livro de crônicas *Para uma menina com uma flor* (1966); na segunda edição do *Livro de sonetos* (1967) aditaram-se mais quinze poemas inéditos à época; *Obra poética* e *O mergulhador* (ambos de 1968), juntos à antologia portuguesa *O poeta apresenta o poeta* (1969), somaram mais cinco; *A arca de Noé* (1970) nos trouxe vinte poemas para crianças; na *História natural de Pablo Neruda* (1974) vieram outros vinte — em homenagem ao poeta chileno; um ano depois, Vinicius publicaria o livro-poema *A casa* (1975); "Soneto do breve momento", "Soneto do Café Lamas" e "Soneto de Marta" foram as novidades na coletânea *Breve momento* (1977); e *O falso mendigo* (1978) trouxe mais oito poemas ainda inéditos em livro — além dos que já constavam em títulos anteriores. Sem contar, é claro, o teatro em versos de *Orfeu da Conceição* (1960). Não obstante, quando averiguamos também seus papéis originais, conjuntamente com a poesia deixada na grande imprensa, podemos acrescentar algo como uma centena de poemas a todos esses que foram escritos em paralelo com o trabalho do letrista e do músico. De tudo, impõe-se o fato de que Vinicius sempre foi um artista comprometido com a poesia em todas as suas feições; e que sua obra poética, durante o considerável período em que vinha elaborando o *Roteiro lírico*..., tornou-se quase essencialmente uma obra esparsa, espalhada. As dificuldades procedentes dessa condição induzem, não raro, a raciocínios imperfeitos.

É preciso dizer, a propósito, que materializar o que existe do *Roteiro lírico*... — ou o que restou dele, uma vez que não são incomuns histórias de que o poeta haveria perdido, em mais de uma ocasião, originais deste projeto — é consequência de uma investigação que já dura mais de uma década, sobre todo o material poético disperso. Alguns enigmas, no entanto, persistem. Existe, ou existiu outrora, a continuidade da prova tipográfica? Sobrevivem, em lugar qualquer, poemas que se assinalavam como "prontos" mas que estão ausentes do inventário? Vale registrar que uma primeira experiência de publicação do livro se deu em 1992, com apresentação e textos adicionais de José Castello.[1] Desde então, o interesse pelo projeto veio se alargando, e, em mesma medida, as inquietações. Agora, os acréscimos e as emendas fizeram-no mais eloquente, embora esta edição não deixe de arcar com os limites da ação subjetiva. Do que ganhou, destacam-se poemas inéditos como "Rua do Catete", "Avenida Rio Branco", "As mimosas cravinas" e a distinta "Balada das lavadeiras"; "Cidadão da Gávea" e "Rua das Acácias" haviam sido recitados no álbum *Marcus Vinicius da Cruz de Mello Moraes* (Rede Globo, 1980), e ganham livro pela primeira vez; outros, ausentes do volume de 1992, foram observados em publicações dispersas do poeta; ademais, o cotejo entre os documentos e uma insistente revisão aprimoraram de modo significativo a fixação dos poemas. A ordem entre eles, aqui, considera tanto os índices datiloscritos quanto a ordem na prova tipográfica, buscando de tal forma a disposição de maior harmonia.

A partir de 2008, toda a obra de Vinicius de Moraes passou a ser republicada, livro por livro, pelo Grupo Companhia da Letras — sob a coordenação de Eucanaã Ferraz. Incorporava-se então, ao conjunto da obra, o volume *Poemas esparsos*.[2] No posfácio intitulado "Simples, invulgar", Eucanaã esclarece por que os poemas relacionados pelo poeta para o *Roteiro lírico...* não estavam incluídos

1. *Roteiro lírico e sentimental da cidade do Rio de Janeiro, e outros lugares por onde passou e se encantou o poeta.* Fotos de Márcia Ramalho; apres. e textos adic. de José Castello; proj. gráfico de Hélio de Almeida. São Paulo: Companhia das Letras, 1992.
2. *Poemas esparsos*. Sel. e org. de Eucanaã Ferraz. São Paulo: Companhia das Letras, 2008.

ali, entre os demais do volume. E revela a expectativa de que eles fossem publicados em uma edição à parte, que procurasse estabelecer, "até onde isso é possível", o livro imaginado por Vinicius. Observa também que, em sentido oposto, não se sabe com igual precisão quais poemas constituiriam *O deve e o haver*, a ponto de se poder realizá-lo. Ei-lo aqui, assim sendo, o epílogo que faltava à obra: *Roteiro lírico e sentimental da cidade de São Sebastião do Rio de Janeiro, onde nasceu, vive em trânsito e morre de amor o poeta Vinicius de Moraes*. Autobiográfico, este percurso não prescindiria de poemas como "Bares cariocas" ou "Ipanema-Leblon", jamais encontrados. Todavia, aqui se versificam os laços indissociáveis entre parte de sua experiência humana e dos lugares por onde sua poesia nasceu e cresceu — ela que agora avança no espaço e no tempo.

RIO DE JANEIRO, 2018

DANIEL GIL nasceu em 1981, no Rio de Janeiro. Poeta e ensaísta, é autor de *O amor curvo* (Oito e Meio, 2018) e *A poesia esparsa de Vinicius de Moraes* (Todas as Musas, 2018).

CARTA POSTAL

v
v
avião
v
v

R
IO
Rio   lua
DE JA
NEIRO!
MEURIO
ZINHODEJANEIRO! MINHASÃO SEBASTIÃODORIODEJANEIRO!
CIDADEBEMAMADA!AQUIESTÁO TEU POETAPARADIZER - TE
QUETEAMODOMESMOANTIGO AMOR E QUE NADA NOMUNDO
NEMMESMOAMORTEPODERÁN OSSEPARAR.
Aquiporeissssssssssssssssssssssssssssparafingirdomosaicodopasseio
Aquiporeï TTTTTTTTTTTTTTTTTTparafingirdepalmeiras
Emeponho eu eu eu eu eu eu eu eu eu eu eupor ai tudo

Quero brincar com a minha cidade.
Quero dizer bobagens e falar coisas de amor à minha cidade.
Entre em breve ficarei sério e digno. Provisòriamente
Quero dizer à minha cidade que ela leva grande vantagem sôbre tôdas as
                            [outras namoradas que tive
Não só em Km2 como no que diz respeito a acidentes de terreno entre os
                        [quais o nmero de buracos não cons-
                        [titui fator desprezível.
Em vista do que pegarei meu violão e, para provar essa vantagem, sairei
                       [pelas ruas e lhe cantarei
                       [a seguinte modinha:

MODINHA:

Existe o mundo
E no mundo uma cidade
Na cidade existe um bairro
Que se chama Botafogo
No bairro existe
Uma casa e dentro dela
Já morou certa donzela
Que quase me bota fogo.

cartão-postal

$$v$$
$$v$$
$$avião$$
$$v$$
$$v$$

R
IO
Rio   lua
DE JA
NEIRO!
MEURIO
ZINHODEJANEIRO! MINHASÃOSEBASTIÃODORIODEJANEIRO!
CIDADEBEMAMADA!AQUIESTÁO TEU POETAPARADIZER - TE
QUETEAMODOMESMOANTIGOAMOR E QUE NADA NOMUNDO
NEMMESMOAMORTEPODERÁNOSSEPARAR.
AquiporeissssssssssparafingirdomosaicodopasseioAquiporeissssssssssparafingirdomosaicodopasseio
AquiporeiTTTTTTTTTTTTTTTTparafingirdepalmeiras
Emeponho eu eu eu eu eu eu eu eu eu eupor aí tudo

Quero brincar com a minha cidade.
Quero dizer bobagens e falar coisas de amor à minha cidade.
Dentro em breve ficarei sério e digno. Provisoriamente
Quero dizer à minha cidade que ela leva grande vantagem
      [sobre todas as outras namoradas que tive
Não só em km^2 como no que diz respeito a acidentes de
     [terreno entre os quais o número de buracos
       [não constitui fator desprezível.
Em vista do que pegarei meu violão e, para provar essa
     [vantagem, sairei pelas ruas e lhe cantarei
        [a seguinte modinha:

modinha

Existe o mundo
E no mundo uma cidade
Na cidade existe um bairro
Que se chama Botafogo
No bairro existe
Uma casa e dentro dela
Já morou certa donzela
Que quase me bota fogo.

Por causa dela
Que morava numa casa
Que existia na cidade
Cidade do meu amor
Eu fui perjuro
Fui traidor da humanidade
Pois entre ela e a cidade
Achei que ela era a maior!

Loucura minha
Cegueira, irrealidade
Pois realmente a cidade
Era maior que a mulher
Medindo aquela 1000 km^2
Enquanto esta, bem contados
Um e 70... se tiver...

Há, naturalmente, os que dizem: "Ah, o Rio do meu tempo...". Os que dizem: "Ah, o Rio não é mais o mesmo...". Os que se lembram com saudade da velha rôtisserie da rua Gonçalves Dias, os que recordam de olhos úmidos o grande areial que era o Leblon, os que evocam com nostalgia os ventriloquismos do velho Batista Júnior no Cinema Central. Para estes, escrevi estas estrofes que poderemos chamar de:

a cidade antiga

Houve tempo em que a cidade tinha pelo na axila
E em que os parques usavam cinto de castidade
As gaivotas do Pharoux não contavam em absoluto
Com a posterior invenção dos *kamikazes*
De resto, a metrópole era inexpugnável
Com Joãozinho da Lapa e Ataliba de Lara.

Houve tempo em que se dizia: LU-GO-LI-NA
U, loura; O, morena; I, ruiva; A, mulata!
Vogais! tônico para o cabelo da poesia
Já escrevi, certa vez, vossa triste balada
Entre os minuetos sutis do comércio imediato
Ó portadoras de êxtase e de permanganato!

Houve um tempo em que um morro era apenas um morro
E não um camelô de colete brilhante
Piscando intermitente o grito de socorro
Da livre concorrência — um pequeno gigante
Que nunca se curvava, ou somente nos dias
Em que o Melo Maluco praticava acrobacias.

Houve tempo em que se exclamava: Asfalto!
Em que se comentava: Verso livre! com receio...
Em que, para se mostrar, alguém dizia alto:
— "Então às seis, sob a marquise do Passeio..."
Em que se ia ver a bem-amada sepulcral
Decompor o espectro de um sorvete na Paschoal.

Houve tempo em que o amor era melancolia
E a tuberculose se chamava consumpção
De geométrico na cidade só existia
A palamenta dos ióles, de manhã...
Mas em compensação, que abundância de tudo!
Água, sonhos, marfim, nádegas, pão, veludo!

Houve tempo em que apareceu diante do espelho
A *flapper* cheia de *it*, a esfuziante *miss*
A boca em coração, a saia acima do joelho
Sempre a tremelicar os ombros e os quadris
Nos *shimmies*: a mulher moderna... Ó Nancy! Ó Nita!
Que vos transformastes em dízima infinita...

Houve tempo... e em verdade eu vos digo: havia tempo
Tempo para a peteca e tempo para o soneto
Tempo para trabalhar e para dar tempo ao tempo
Tempo para envelhecer sem ficar obsoleto...
Eis por que, para que volte o tempo, e o sonho, e a rima
Eu fiz, de humor irônico, esta poesia acima.

Que a cidade mudou, basta olhar. Avenidas foram abertas, modificou-se a silhueta da baía com aterros, demoliram-se quarteirões, puseram-se abaixo morros, construiu-se muito, sem parar.
Às vezes, na noite, vê-se ainda a necrose patética de edifícios que nunca puderam ser. Gerações novas e desencantadas conglomeram-se em colmeias de cimento, sem ar e sem amor, e partiram para a vida de olhar cínico e punhos duros, cheios de ritmo e violência, mas angustiadas como pássaros em busca de espaço onde voar. Não, não há dúvida, a cidade mudou...

a cidade em progresso

A cidade mudou. Partiu para o futuro
Entre semoventes abstratos
Transpondo na manhã o imarcescível muro
Da manhã na asa dos DC-4s.

Comeu colinas, comeu templos, comeu mar
Fez-se empreiteira de pombais
De onde se vê partir e para onde se vê voltar
Pombas paraestatais.

Alargou os quadris na gravidez urbana
Teve desejos de *cumulus*
Viu se povoarem seus latifúndios em Copacabana
De casa, e logo além, de túmulos.

E sorriu, apesar da arquitetura teuta
Do bélico Ministério
Como quem diz: Eu só sou a hermeneuta
Dos códices do mistério...

E com uma indignação quem sabe prematura
Fez erigir do chão
Os ritmos da superestrutura
De Lúcio, Niemeyer e Leão.

E estendeu ao sol as longas panturrilhas
De entontecente cor
Vendo o vento eriçar a epiderme das ilhas
Filhas do Governador.

Não cresceu? Cresceu muito! Em grandeza e miséria
Em graça e disenteria
Deu franquia especial à doença venérea
E à alta quinquilharia.

Tornou-se grande, sórdida, ó cidade
Do meu amor maior!
Deixa-me amar-te assim, na claridade
Vibrante de calor!

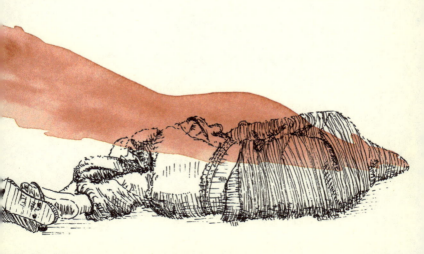

E gostaria de falar do bairro onde nasci, a Gávea, pétrea e vegetal, cujos morros subi e em cujas ruas corri criança, Gávea da Lagoa, em cujo lodo quase me afoguei, cujos bondes pegava andando e onde, na chácara do meu avô, à rua Lopes Quintas, fui menino rei. Sinto afogar-me ainda a renda dicotiledônea do velho jardim selvagem, as samambaias tão boas de desfolhar, os tinhorões tão bons para alvo de canivete, o cheiro do musgo e o misterioso mundo dos cogumelos, caramujos e congolôs. Faziam-se coleções de joaninhas, comiam-se carambolas e mangas no pé e de vez em quando — plof — uma jaca mole vinha se espatifar embaixo. Minha avó tocava a valsa "Judex" no piano da sala enquanto meu tio Niboca e eu campeávamos nos arredores. Havia a gruta de pedras no fundo do córrego, cheia de morcegos que eram os reis do tirar fino. Namorava-se no bananeiral. Quando eu voltava para casa à noite, minha rua me parecia mais misteriosa.

lopes quintas
(a rua onde nasci)

A minha rua é longa e silenciosa como um caminho que foge
E tem casas baixas que ficam me espiando de noite
Quando a minha angústia passa olhando o alto...
A minha rua tem avenidas escuras e feias
De onde saem papéis velhos correndo com medo do vento
E gemidos de pessoas que estão eternamente à morte.
A minha rua tem gatos que não fogem e cães que não ladram
Na capela há sempre uma voz murmurando louvemos
Sem medo das costas que a vaga penumbra apunhala.
A minha rua tem um lampião apagado
Em frente à casa onde a filha matou o pai...
No escuro da entrada só brilha uma placa gritando quarenta!
É a rua da gata louca que mia buscando os filhinhos nas portas
                                                                       [das casas...
É uma rua como tantas outras
Com o mesmo ar feliz de dia e o mesmo desencontro de noite
A rua onde eu nasci.

o namorado das ruas

Eu sou doido por Alice
Mas confesso que a meiguice
De Conceição me alucina.
Lucília não me dá folga
Porém que amor é Bambina!
Por Olga já fiz miséria
Perdi dinheiro e saúde
Mas quando Maria Quitéria
Apareceu, eu não pude...
Mais tarde, Dona Florinda
Quase me pega: que uva!
Depois foi a viúva Dantas:
Nunca vi coisa mais linda
Do que o morro da Viúva.
Em seguida foram tantas
Que já nem estou mais lembrado
Foi Tereza Guimarães
Foi Carolina Machado.
Hilda tinha tanto jogo
Que eu, fraco, sem poder mais
Mudei para Botafogo
Meus casos sentimentais.
Minha Dona Mariana
Que saudades da senhora...
Como foi bom seu convívio
Depois que deixei Aurora!
Foi por essa ocasião
Que eu, numa questão de dias
Frequentei tantas Marias
Quantas encontrei à mão.
Primeiro, Maria Amália
E logo Maria Angélica

Que larguei por Marieta
Por achá-la um tanto bélica.
Maria do Carmo deu-me
Momentos a não esquecer
E a bela Maria Paula...
Morei nela de morrer.
Estela... de minha vida
Nunca vi coisa mais nua
Nem mais ardente; foi ela
Quem mostrou-me o olho da rua.
Em Ana Teles escrevi
Os meus versos mais profundos
Depois passei-me para Alcina:
Como adorava os baldios
Que existiam nos seus fundos!
E Irene... como era triste!
No entanto, tão bem calçada...
Nela gastei muito alpiste
Para sua passarada.
Mas se me disserem: poeta
Qual o nome mais amado
Das ruas que conheceu?
Eu tanto tempo passado
Ó minha Joana Angélica
Iria dizer o teu.

redondilhas a laranjeiras

Laranjeiras pequenina
Carregadinha de flor
Eu também estou dando pássaros
Eu também estou dando flores
Eu também estou dando frutos
Eu também estou dando amor.

a volta do filho pródigo

Acordarei as aves que, noturnas
Por medo à treva calam-se nos galhos
E aguardam insones o romper da aurora.
Despertarei os bêbados nos pórticos
Os cães sonâmbulos e os gerais mistérios
Que envolvem a noite. Pedirei gritando
Ao mar que mate e ao vento que violente
As brancas praias de pudor tão fundo.
Quebrarei com risadas e com cantos
O silêncio habitual de Deus na noite
A intimidar os homens. Que a cidade
Ponha o xale da lua sobre a fronte
E saia a receber o seu poeta
Com ramos de jasmim e outras saudades.
A hora é de beleza. Em cada pedra
Em cada casa, em cada rua, em cada
Árvore, vive ainda uma carícia
Feita por mim, por mim que fui amante
Urbano, e mais que urbano, sobre-humano
Na noturna cidade desvairada.
Provavelmente não virei montado
Em cavalo nenhum, como soía
Nem de armadura, que essa, a poesia
Mais que nenhuma me defenderia
Numa cota de malha de silêncio.
É bem possível até que chegue bêbado
E se em janeiro, de camisa esporte.
O importante é chegar, ser a unidade
Entre a cidade e eu, eu e a cidade
Ouvir de novo o mar se estilhaçando
Nas rochas, ou bramindo no oceano
Sozinho como um deus. Ou no verão

Quando, também adiante na metáfora
Queima a cera da lua sobre a noite
O Sol, o enorme Sol do imenso estio
Ver — oh visão! — Vênus morrer nas ondas
A pura, a louca, a grande suicida
Cujo esvanecimento cria a vida
Na ilusão do tempo. Ó bem-amada
Rio, como mulher petrificada
Em nádegas e seios e joelhos
De rocha milenar, e verdejante
Púbis e axilas e os cabelos soltos
De clorofila fresca e perfumada!
Eu te amo, mulher adormecida
Junto do mar! eu te amo em tua absoluta
Nudez ao sol e placidez ao luar.
Junto de ti me sinto, tua luz
Não fere o meu silêncio. O meu silêncio
Te pertence. Eu sei que resguardada
Dos seres que se movem entre teus braços
Teus olhos têm visões de outros espaços
Passados e futuros...
Como às vezes
Sobre a lunar estrada Niemeyer
Entre o clamor das ondas fustigadas
Meditam as montanhas. Que silêncio
Se escuta ali pousar, que gravidade
Da natureza! Eu sei, é bem verdade
Que sob o sol o Rio é muito claro
Muito claro demais, e sem mistério.
Eu sei que ao reverbero de janeiro
Morrem segredos como morrem aves:
Contentes de morrer. Eu sei tudo isso.
Já vi com esses meus olhos incansáveis
Ideias explodirem como flores

Entre réstias de sol; já vi castelos
Matemáticos ruírem como cartas
Sistemas filosóficos perderem
A lógica do dia para a noite
Obras de arte nascentes se desviarem
Do rumo da criação ante uma axila
Suada, e muitos santos se danarem
Sob a ação salutar do ultravioleta.
Mas pra quem tem o hábito da noite
Quem vive em intimidade com o silêncio
Quem sabe ouvir a música da treva
Quando na treva reproduz-se a vida
Para esse, a cidade se oferece
Num clima universal de eternidade
No contraponto do mover do mar
E no mutismo milenar da pedra
Em sua infinidade de infinitos...
Para esse, os Dois Irmãos contam uma história
Fantástica, de forças irrompendo
Da terra e se dispondo em formas súbitas:
Viúva! Pão de Açúcar! Corcovado!
E mais ao sul, sarcófago do Sol
A Mesa imensa onde, esse, pode ver
Se acaso souber ver, no fim do dia
A silhueta do homem primitivo
(A mesma que ainda hoje, transformada
Transita no mosaico da Avenida)
E até, quem sabe, natural "torcida"
Assistindo de sua arquibancada
As serpentes do mar em luta ignara
Movendo maremotos, à porfia
No estádio natural da Guanabara.

lembrete

A nunca esquecer: as manhãs
Da infância, os pães alemães
      A sala escura

Na casa da rua Voluntários
Da Pátria, lar de funcionários
      Da Prefeitura.

A nunca esquecer: minha avó
Prosternada (Deus e ela) só
      Pele e ossos

A tatalar silêncio e paz
Nas consoantes labiais
      Dos Padre-nossos.

A nunca esquecer: a carne negra
O cheiro agreste, a pele íntegra
      Nua na cama

Nas justaposições mais pródigas...
Que menino não ama as nádegas
      De sua ama?

A nunca esquecer: as gavetas
Velhas, à luz; as rendas pretas
      As caixinhas

E as sublimes fotografadas
Mortas, mas ainda enamoradas...
      Ó tias minhas!

A nunca esquecer: certa mulher
(Cuja face não posso mais ver)
      Em certo quarto

A mergulhar minha cabeça
Por entre a escuridão espessa
      Do ventre farto.

A nunca esquecer: o caso Sacco
E Vanzetti, nem Michel Zevaco
      (Que o avô me deu!)

Que este, seria o quixotismo
A arrebatar-me de ismo em ismo
      Ao que hoje é meu.

a lira que não
escreveu gonzaga

Numa qualquer madrugada
De uma qualquer quarta-feira
Ó homem de pouca fé
Faz uma barba ligeira
(Que coisa estranha é ter barba...)
Toma um rápido café
E depois, ali na esquina
De Voluntários da Pátria
Pega o Largo dos Leões
E salta na Galeria
Bem em frente à São José.

— *Irei de boa vontade...*
Uma vez na encruzilhada
De São José com a Avenida
Vai seguindo toda a vida
Contra a viração do mar
Verás, fechados, uns bares
Como umas portas de luar
Mas segue; um pouco adiante
A um golpe de atiradeira
Fica a Cruz dos Militares
Pouco antes dobra a direita
Verás então a colina
E na colina, a ladeira...

— *Não tem mais. Puseram abaixo...*
Tem sim. Ainda posso vê-la
Subindo em paralelepípedos
E no alto, luzindo, a estrela
À beira do precipício...

Tem sim! Tem sim! Lá está ela
Parada... e eis-me aqui, Vinicius
Menino, com meu velho avô
E minha branca avozinha
Que com um beijo me acordou...

— *É inútil. Teu avô morreu...*
Não morreu! Mentira tua!
Meu avô é um velho lindo
Com um olhar sempre altaneiro
E que anda sempre de alpaca
Ainda agora posso vê-lo
À luz da aurora imediata
Subindo, sempre subindo
Pelo morro do Castelo
Em demanda do mosteiro...

— *Que Castelo? Já acabou!*
Já acabou? Mas que absurdo!
Me lembro tão bem da entrada
Da água benta, do som surdo
E envolvente dos harmônios
A me expulsar os demônios
Da carne sempre acordada...
Me lembro tão bem da bênção
Dos turíbulos de incenso
Balançando, do passar
Dos sacristães reverentes
E os farfalhares ardentes
Da seda ritual, os dísticos
Bíblicos, a Via-Sacra
O misterioso soar
Das campainhas litúrgicas
O branco tecido místico

Das orações... Tudo calmo
Tudo alto... Tudo imenso...

— *Deus morreu, pobre menino...*
Deus não morreu. Que blasfêmia!
Deus é o pai da criação
Deus nos criou, macho e fêmea
Para nos sacrificarmos
Pela nossa salvação
Deus fez Adão, e fez Eva
De uma costela de Adão
Deus é Deus, o Pai Eterno
O caminho e a redenção...
Não digas... que Ele te leva
Para as profundas do Inferno
O Inferno sem remição...

— *Deus morreu, pobre criança*
Há muito que Deus morreu
Situa a tua esperança
No homem que em ti nasceu.
Deus é o teu medo da vida
E do que a vida te deu
Luta por um paraíso
Cá na terra, e não no céu
Que o inferno é aqui nesta terra
Inventado por teu Deus.
Esquece o mundo passado
No que não te esclareceu
Olha a miséria a teu lado
Que se a fez Deus, obrigado!
Podes ficar com o teu Deus!
Luta por teu semelhante
Pobre, e que Deus esqueceu

Que se por eles não lutas
Tampouco se importa Deus.
Cria a vida de ti mesmo
E não de um Deus insensível
Um bem preguiçoso Deus.
Não digo que tu esqueças
Dos desaparecidos teus
Mas não vivas sobre a morte
Que esta última consorte
É forte, e a prova de Deus
Pois se não crês e não crias
Ao fim dos teus poucos dias
Dela nem te salva Deus!

o corta-jaca

Rattus rattus rattus
(Pelas sarjetas de Ipanema e do Leblon)
Rattus rattus rattus
(Estupefatos gatos fogem de pavor)
Rattus rattus rattus
A tua louca simetria
Rói a raiz dos próprios fatos
Rattus rattus
E acaba roendo a poesia.

Rattus rattus rattus
(Foi o mesmo Deus que fez o lírio quem te fez?)
Rattus rattus rattus
(Tu multiplicas dois por quatro igual a dez)
Rattus rattus rattus
Impessoal procriador
Não chegues junto aos meus sapatos
Rattus rattus
Porque eu te mato, ó roedor.

É o rato é o rato
É o rato criança
Cujo artesanato
Lhe vem da lembrança
Do rato rapaz
Que guarda o retrato
Risonho e roaz
Do rato do rato
Do rato já velho
Que fuma charuto
Se olhando no espelho
E de quem os atos

Que a cifra amplifica
Um bando de ratos
Sempre ratifica.
Um rato de preto
E um rato de branco
Um rato de frente
E um rato de flanco;
Um rato de púrpura
E um rato de cáqui
Um rato de feltro
E um rato de fraque;
Um rato de imprensa
Que tem que viver
É um rato que pensa
Um rato abstrato
Que rói por roer;
Um rato esquisito
Que vive em Paris
É um rato erudito
Um rato de giz;
E além desses ratos
Os ratos da terra
Que servem a outros ratos
Que não são da terra
Tem dona Ratona
E os rato-ratinhos
Tão engraçadinhos
Brincando de guerra

Rattus rattus rattus, etc...

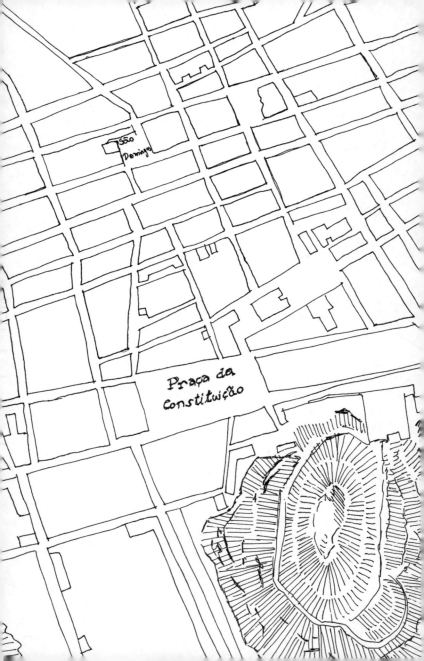

história do samba

Gosto de um samba-chulado
Porque é samba de cadência
No corrido sou danado
Mostro a minha independência
Mas o meu samba adorado
Onde perco a consciência
— É o samba-de-influência, ô maninha

Da polca nasceu o maxixe
Havanera concorreu
Mas foi o negro-de-pixe
Quem mais ritmos lhe deu
Do maxixe veio o samba
Que ficou universal
— Negro é bamba, ô maninha
Negro é que é o tal!

jogos e folguedos

Aos coros infantis
Sempre preferia
Os jogos de Maria
Mexendo os quadris.

— *Maria, levanta a saia*
Maria, suspende o braço
Maria, me dá um cheirinho
Do capim do teu sovaco.

Maria sempre tinha
Dó de mim.

— *Bento-que-o-bento-frade*
— *Frade!*
Na boca do forno
De manhãzinha
Eu e Maria.

— Tá quente, Maria...
(Maria estava sempre quente)

— Pique, Maria...
(E a luta arfante, úmida, silenciosa)

Dou-lhe uma
Dou-lhe duas
Dou-lhe três...

jogo de empurra

Os escravos de Gê
Gostavam de jogar
Ponto, banca
Quem jogou em 30, dá
Parceiro com parceiro
Pif, pif, pif, paf!

Os escravos de Gê
Gostavam de roubar
Tira, pega
Vamos deixar como está
Cartola com cartola
Zigue, zigue, zigue, zá!

Os escravos de Gê
Gostavam de matar
Tira, tira
Tira pronto pra atirar
Meganha com meganha
Puque, puque, puque, pá!

Os escravos de Gê
Gostavam de ficar
Tira, bota
Pega tudo pra capar
Guerreiro com guerreiro
Zigue, zigue, zigue, zá!

59

tanguinho macabro

— Maricota, sai da chuva
Você vai se resfriar!
Maricota, sai da chuva
Você vai se resfriar!
— Não me chamo Maricota
Nem me vou a-resfriar
Sou uma senhora viúva
Que não tem onde morar.

— Maricota, sai da chuva
Você pode até morrer!
Maricota, sai da chuva
Você pode até morrer!
— Pior que a morte, seu moço
É ser moça e não poder
Mais morta que estou não posso
Tomara mesmo morrer.

— Maricota, vem comigo
Para o meu apartamento!
Maricota, vem comigo
Para o meu apartamento!
— Fico muito agradecida
Pelo generoso intento
E sem ser oferecida
Aceito o oferecimento.

— Maricota, meu benzinho
Tira o véu para eu te ver!
Maricota, meu benzinho
Tira o véu para eu te ver!
— Ah estou tão envergonhada

Que nem sei o que dizer
Só mesmo a luz apagada
Poderei condescender.

— Maricota, esse perfume
Vem de ti ou de onde vem?
Maricota, esse perfume
Vem de ti ou de onde vem?
— É o odor que se tem na pele
Quando pele não se tem
É o meu cheirinho de angélica
Que eu botei só pro meu bem.

— Maricota, dá-me um beijo
Que eu estou morto de paixão!
Maricota, dá-me um beijo
Que eu estou morto de paixão!
— Satisfarei seu desejo
Com toda a satisfação
Aqui tem, seu moço, um beijo
Dado de bom coração.

— Maricota, os teus dois olhos
São poços de escuridão!
Maricota, os teus dois olhos
São poços de escuridão!
— Não são olhos, são crateras
São crateras de vulcão
Para engolir e *et cetera*
Os moços que vêm e vão.

— Maricota, o teu nariz
São duas fossas de verdade!
Maricota, o teu nariz

São duas fossas de verdade!
— Não é nariz não, mocinho
É uma grande cavidade
Para sentir o cheirinho
Dessa sua mocidade.

— Maricota, a tua boca
Não tem lábios de beijar!
Maricota, a tua boca
Não tem lábios de beijar!
— Não é boca, meu tesouro
É um sorriso alveolar
São quatro pivôs de ouro
Presos no maxilar.

— Maricota, tuas maminhas
Tuas maminhas onde estão?
Maricota, tuas maminhas
Tuas maminhas onde estão?
— Estão na boca de um homem
E do seu filho varão
Maminhas não eram minhas
Eram coisas de ilusão.

— Maricota, que engraçado
Onde está teu buraquinho?
Maricota, que engraçado
Onde está teu buraquinho?
— Buraco só tenho um
De sete palmos neguinho
Mas é melhor que nenhum
Pra caber meu amorzinho.

— Maricota, estou com medo
Estou com medo de você!
Maricota, estou com medo
Estou com medo de você!
— Não se a-receie, prometo
Que nada tens a perder
Mais vale amar um esqueleto
Que uma mulher, e sofrer.

E a Morte levou o moço
Para o fatal matrimônio
Deu-lhe seu púbis de osso
Sua tíbia e seu perônio
Diz que o corpo descomposto
De manhã foi encontrado
Mas que sorria o seu rosto
Um sorriso enigmático.

cidadão da gávea

Na Gávea nasci
Nela me criei
E a ela subi
Por seu mastro rei.

No topo da Gávea
Olhando ao redor
Vi uma paisagem
Que nunca melhor.

Vi torsos, vi seios
Vi coxas, vi nádegas
E era tudo cheio
De roxas dedadas.

Eram mulheres-pedra
De farta axila
Cobertas de esperma
Verde: clorofila.

Depois me larguei
Por mares afora
Vi o sol morrer
Vi nascer a aurora.

Na velha Tunísia
Que olhos não vi!
E que lindos seios
Passeiam em Paris!

Em Londres vi moças
Fulvas, cor de fogo
Só que mais insossas
Que as de Botafogo.

Quero que me enforquem
Coberto de merda
Se batem New York
Em questão de pernas.

Porém sem intuito
De ofensa a ninguém
As bundas mais lindas
É a Gávea que tem!

ITAPUÃ, 24/01/1973

ilha do governador
(meio-dia em cocotá)

Ao longe o vulto da Ilha D'Água
Com seus tesouros enterrados
Por flibusteiros e guardada
Por grandes peixes solitários.
À esquerda o muro da caieira
Com a cal em monte levantada
Pequena indústria pioneira
Jogando o branco contra o barro.
Sobre o caminho da Ribeira
A amendoeira ensolarada
Cujo comer diz-que é veneno
Mas cuja sombra não diz nada.
Na solidão mil pensamentos
Pelo mormaço evaporados
— Fugir dali, sair correndo
Até voar com as próprias asas...
Na praia flácida de argaços
Gordas catraias sobre a areia
Como a pensar: — Ah, que saudade
Do nosso tempo de baleias...
E o mar espesso de alga e lodo
E de cabelos de sereias
A serpentear no salso iodo
O fogo vivo das moreias.
E inaugurar uma punheta
Ao ver surgir de alguma esquina
Correndo atrás das próprias tetas
O vulto amado de Marina.

ITAPUÃ, 25/01/1973

a primeira namorada

Tu me beijaste, Coisa Triste
Justo durante a elevação
Depois, impávida, partiste
A receber a Comunhão.
Tinhas apenas seis ou sete
E quando muito uns oito eu tinha
E tinha mais: tinhas topete!
— Por que partiste, Coisa Minha?

Foi numa Missa da Matriz
De Botafogo. Eu disse: "Cruz!
Mas como é que essa infeliz
Vai fazer isso com Jesus...".
Mas tu fizeste, Coisa Linda
Sem a menor hipocrisia
É que eu nem suspeitava ainda
Da tua santropofagia...

Porque nas classes do colégio
Onde a meu lado te sentavas
Tornou-se diário o sacrilégio
Durante as preces: me buscavas.
E o olho cândido na mestra
Que iniciava a aula depois
Acompanhavas a palestra
Cuidando apenas de nós dois.

Mais tarde, a gente revezava
E eu procurava tua calcinha
E longamente dedilhava
Tua coisinha, Coisa Minha.
Nós ficávamos sérios, sérios
A face rubra mas atenta.
— A vida tem tantos mistérios
Tem ou não tem, Coisa Sardenta?

rua do catete
(faculdade de direito)

Eram, ao que se diz, nobres estrebarias
Que o governo, talvez por não ter outro jeito
Resolveu transformar de velhas serventias
Em local destinado ao estudo do Direito.

E ali, em 29, eu ingressei menino
Aos 15 anos, tendo de enganar a idade
E incorporei-me ao clã de Carmona, o contínuo
Português, guardião feroz da Faculdade.

E conheci o amigo Octavio de Faria
Moço ascético e crente e culto e visionário
Que primeiro me abriu os olhos à Poesia
E às costas colocou-me a cruz do meu calvário.

Francisco Clementino de San Thiago Dantas
Era considerado o *primus inter pares*
Capaz de falar sério ou de contar garganta
Com graça e lucidez realmente exemplares.

Ficávamos a ouvir Octavio e San Thiago
No Café do Areal, ponto da nossa elite
Sem saber se optar pela mente do mago
Ou pelo coração do apóstolo de Nietzsche.

E Octavio me dizia: — Escreve com teu sangue!
Sem ver em San Thiago um olhar de ironia
E entre as lutas com Deus e com as putas do Mangue
Eu lia, eu lia, eu lia, eu lia, eu lia, eu lia.

Trouxera do ginásio amigos muito amados
Dos quais José Arthur e Mário os mais constantes
E R. e M., estes aos poucos eclipsados
Pelo encanto verbal desse *quatuor* brilhante.

Nas sessões do C.A.J.U., nosso centro jurídico
Onde se praticava o convívio e a oratória
Dava gosto aplaudir cada jovem causídico
Sentindo-se um Catão no patamar da História.

Um dia, Octavio fez-me ler Murilo Mendes
O Murilo de *Poemas* e *História do Brasil*
Depois Jorge de Lima, o Jorge dos duendes
Do seu Nordeste — e o quanto a gente discutiu

Cassiano e Schmidt, Mário e Oswald de Andrade
A poesia do efêmero e a poesia do eterno
Eu longe de supor na minha pouca idade
Que ainda iria passar uma estação no inferno.

E a Poesia começou a visitar-me
Vinha de noite, nua, ao meu pequeno quarto
Sem nada me dizer; e eu lhe mamava o carme
A suar e gemer na dor de cada parto.

E foi assim que um dia, poema após poema
Ainda verde de amor, ainda virgem da infância
Entre jogos de *snooker* e sessões de cinema
Eu comecei a caminhar para a distância...

ITAPUÃ, 28/01/1973

rua das acácias

Amigo Jean-Georges: olhe
Que rua bela e feliz
É a rua das Magnólias
Que adiante vai dar em Oitis.
Oitis vai dar em Acácias
Onde residem os Moraes.
Oitis, amigo, foi tempo...
Magnólias, não há mais.

De acácias um pé havia
Na entrada do meu jardim
Lembro-me até que colhia
Seu ouro todo pra mim.
Aqui faz 3 graus a menos
Que em Ipanema ou Leblon.
Sinta, Jean-Georges, que ameno...
Respire, amigo: que bom!

Para aqui, de Lopes Quintas
Rapazinho, me mudei
Quando, ainda um troca-tintas
Em direito me formei.
Aqui bati muita bronha
Sofrendo de não ter fim
Por amor da fria Antônia
Que não quis dar para mim.

Depois casei, não com ela
Mas com meu segundo amor
A mãe de Susana, a bela
E Pedro, o mergulhador.
Morávamos bem ali
Junto à ladeira sombria
Era tanta a poesia
Que quase, quase morri.

Minha rua das Acácias
Que nem acácias tem mais...
Ah, se essa rua mostrasse
Minhas pegadas seminais...
Ah, se essa rua contasse
A história de um sexo em flor
Talvez eu ressuscitasse
Antônia, morto de amor!

minha lapa

A minha Lapa foi um Beco
Junto a um convento ensimesmado
Onde morava um poeta peco
Que era um eterno enamorado.
Um poeta com uma tosse seca
E um certo prognatismo dentário
Mas que falava com as estrelas
Num puro e límpido vernáculo.

Não foi aquela de Joãozinho
Da Lapa, nem a de Noel
A de valentes caftinas
De dancings e de cabarés
Que eu frequentei, é claro, mas
Sem a paixão de Luis Martins:
A de capoeiras geniais
E prostitutas muito afins.

Não foi a de Ribeiro Couto
A velha Lapa literária
Onde molhava-se o biscoito
Por um mil-réis de mel coado.
Nem a de Ovalle e Villa-Lobos
Na curtição de serenatas
Ou da boemia um tanto boba
De uma porção de *papanatas*.

Foi mais a Lapa de Bandeira
Ali no Beco transversal
Onde o poeta em dicção seca
Disse-me "Estrela Solitária"
E onde eu, pequeno ao lado dele
E intimamente prosternado
O abençoei e tive a bênção
De suas límpidas palavras.

ITAPUÃ, 24/01/1973

soneto do café lamas

No Largo do Machado a pedida era o "Lamas"
Para uma boa média e uma "canoa" torrada
E onde à noite cumpria ir tomar umas brahmas
E apanhar uma zinha ou entrar numa porrada.

Bebendo, na tenção de putas e madamas
Batidas de limão até de madrugada
Difícil era prever se o epílogo das tramas
Seria algum michê ou alguma garrafada.

E em meio a cafetões concertando tramoias
Estudantes de porre e mulatas bonitas
Sem saber se ir dormir ou ir na Lili das Joias

Ordenar, a cavalo, um bom filé com fritas
E ao romper da manhã, não tendo mais aonde
Morrer de solidão no reboque de um bonde.

ITAPUÃ, 1973

avenida rio branco

HOTEL AVENIDA

<pre>
              G
              A
              L
C R U Z E I R O
              R
              I
              A
</pre>

Na avenida Rio Branco
Antiga Central (eu acho)
Passa preto, passa branco
Passa alto, passa baixo
Passa mudo, passa manco
Passa fêmea, passa macho
Só não passa a menininha
Do cabelo dando cacho.

ITAPUÃ, 07/02/1973

copacabana

Esta é Copacabana, ampla laguna
Curva e horizonte, arco de amor vibrando
Suas flechas de luz contra o infinito.
Aqui meus olhos desnudaram estrelas
Aqui meus braços discursaram à lua
Desabrochavam feras dos meus passos
Nas florestas de dor que percorriam.
Copacabana, praia de memórias!
Quantos êxtases, quantas madrugadas
Em teu colo marítimo!

       — Esta é a areia

Que eu tanto enlameei com minhas lágrimas
— Aquele é o bar maldito. Podes ver
Naquele escuro ali? É um obelisco
De treva — cone erguido pela noite
Para marcar por toda a eternidade
O lugar onde o poeta foi perjuro.
Ali tombei, ali beijei-te ansiado
Como se a vida fosse terminar

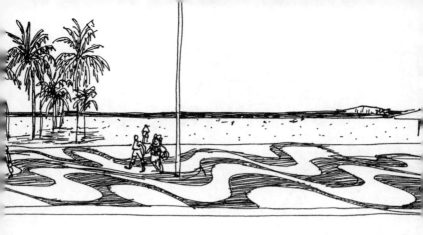

Naquele louco embate. Ali cantei
À lua branca, cheio de bebida
Ali menti, ali me ciliciei
Para gozo da aurora pervertida.
Sobre o banco de pedra que ali tens
Nasceu uma canção. Ali fui mártir
Fui réprobo, fui bárbaro, fui santo
Aqui encontrarás minhas pegadas
E pedaços de mim por cada canto
Numa gota de sangue numa pedra
Ali estou eu. Num grito de socorro
Entreouvido na noite, ali estou eu.
No eco longínquo e áspero do morro
Ali estou eu. Vês tu essa estrutura
De apartamentos como uma colmeia
Gigantesca? em muitos penetrei
Tendo a guiar-me apenas o perfume
De um sexo de mulher a palpitar
Como uma flor carnívora na treva.
Copacabana! ah, cidadela forte
Desta minha paixão! a velha lua

Ficava do seu nicho me assistindo
Beber, e eu muita vez a vi luzindo
No meu copo de uísque, branca e pura
A destilar tristeza e poesia.
Copacabana! réstia de edifícios
Cujos nomes dão nome ao sentimento!
Foi no Leme que vi nascer o vento
Certa manhã, na praia. Uma mulher
Toda de negro no horizonte extremo
Entre muitos fantasmas me esperava:
A moça dos antúrios, deslembrada
A senhora dos círios, cuja alcova
O piscar do farol iluminava
Como a marcar o pulso da paixão
Morrendo intermitentemente. E ainda
Existe em algum lugar um gesto alto
Um brilhar de punhal, um riso acústico
Que não morreu. Ou certa porta aberta
Para a infidelidade: inesquecível
Frincha de luz a separar-me apenas
Do irremediável. Ou o abismo aberto

Embaixo, elástico, e o meu ser disperso
No espaço em torno, e o vento me chamando
Me convidando a voar... (Ah, muitas mortes
Morri entre essas máquinas erguidas
Contra o Tempo!) Ou também o desespero
De andar como um metrônomo para cá
E para lá, marcando o passo do impossível
À espera do segredo, do milagre
Da poesia.

      Tu, Copacabana
Mais que nenhuma outra foste a arena
Onde o poeta lutou contra o invisível
E onde encontrou enfim sua poesia
Talvez pequena, mas suficiente
Para justificar uma existência
Que sem ela seria incompreensível.

LOS ANGELES, 1948

rua conde de lage

Jazente, Clara dizia
Palavrões tantos e tais
Que a casa se sacudia
Em gargalhadas gerais.
Isso no 20, da rua
Conde de Lage, na Lapa.
Clara era o máximo, nua
Mas só gozava no tapa.

Eu lhe dava vinte pratas
Embora ela as não cobrasse
Porque era dessas mulatas
Com muita panca de classe.
De resto, ela o proclamava
Em triunfal gritaria
Sempre que eu a devastava
Com atos de sodomia.

Um fino veio dourado
Na arcada superior
Era um tesouro guardado
Nas grutas do nosso amor.
E eu, espeleólogo arfante
Engatinhando a descida
Buscava, em pavor, o instante
Daquela luz homicida.

Clara nem-sei-mais-das-quantas
Dos meus idos de rapaz
Clara escura em meio a tantas
Brancuras sentimentais:
Ao fim destas redondilhas
Quero dizer, sem decoro
Que em meio as tuas virilhas
Achei meu Tesão de Ouro.

ITAPUÃ, 10/02/1973

balada das lavadeiras

Lava, lava, lavadeira
A roupa do teu patrão
Sua camisa de linho
Seu meia-confecção
Enxagua seu lenço sujo
Todo sujo de batom
Põe anil no dito-cujo
Pro trabalho ficar bom.
Bate o lençol, bate a colcha
Bate bem que é pra você
Ir de noite ao bate-coxa
Que vai ter na gafieira.
Lavadeira suburbana
De beira de linha férrea
Limpando as vestes da urbe
Com o teu sabão de miséria:
Lava e leva, lava e leva
Tremelicando com as ancas
Sobre teu corpo de treva
As roupas ficam tão brancas!
Lava o amor, lava o seu fruto
Lava a náusea e a poesia
Lava o vestido de luto
E a camisola do dia.
Lava a fralda da criança
E a farda do colegial
As cuecas do joão-ninguém
E a do Fulano de Tal.
Enfuna teus *soutiens*
Bem no alto dos varais
A mulher que neles vem
É de vento e nada mais.

Desfralda tuas calcinhas
De tecido de algodão
Dentro delas as bundinhas
São bundinhas de ilusão.
Desmaniva, lavadeira
No lesco-lesco do dia
Teu patrão vem de carreira
No asfalto da rodovia...
Soda cáustica e potassa
Foi o quinhão que tiveste
Tu levas e é ele que passa
Tu passas, e é ele que veste...
Tuas pernas têm varizes
Vives de corpo moído
Tens ovários infelizes
E um útero sucumbido
O ar pútrido que trescala
Pelo suburbano ar
Não te faz perder a fala
Nem te impede de cantar:
Tu cantas, vives cantando
Ao sol, que é a tua alforria
Qualquer sombra leniente
Já entra de mais-valia.
Lavadeira dando sopa
Na posição de lavar
Teu coradouro de roupa
É o capim que às vezes dá.
Lavadeira suburbana
Tema de samba-canção
Passas teus fins de semana
Numa tina de sabão.
Vai lavando, vai levando
Lavadeirinha levada

Sorrindo de dente branco
Mostrando a perna molhada.
Lava a saia, lava a anágua
Lava o riso e lava o amor
Em tua bacia de água
Só não lavas tua dor!
Teu único lenitivo
É às vezes lavar o peito
Na grande tinta de anil
Do céu (que não te dá jeito).
No teu labor permanente
(Um dia desnecessário...)
Tu limpas um mundo vário
Um mundo surpreendente.
Lavas o suor da lida
E o acre suor do esporte
Lavas o fartum da vida
E o cheiro doce da morte.
Lavas as fezes e a urina
E o vômito da bebida
O sarampo e a escarlatina
E o rubro plasma da vida.
Lava, lava, lavadeira
Em tua tábua de lavar
Cuidado pra ficar limpo!
Cuidado pra não rasgar!
Se a mancha for muito forte
Despeja água sanitária
Rebenta as mãos, operária
Tua patroa é a Morte!
Vens desde as bordas do Eufrates
Até as margens do Nilo
Onde houver água e bacilo
Ali lavas e ali bates.

No Mississippi-Missouri
No Amazonas e no Tibre
No torvo Capibaribe
Estás sempre acenando augúrios
E os semáforos que agitas
Nos rios do mundo inteiro
Falam das mesmas desditas
Que os do Rio de Janeiro...

balada de botafogo

Ó luas de Botafogo
Luas que não voltam mais
A se masturbarem, nuas
Sobre o flúmen dessas ruas:
Minhas ruas transversais!
Onde estais, luas de fogo
Meias-luas, luas más
Me triturando no jogo
Das posições verticais...
Ó transversais, ó travessas
Sombrias, sentimentais
Cheias de escuros propícios
Aos incansáveis inícios
Do adolescente Vinicius
Que também não volta mais...
Ó roxas, ó mamelucas
De coxas monumentais
Que me dáveis vossos seios
Por vezes de leite cheios
Morenos cântaros cheios!
Vossos seios maternais...
Ó Escola Afrânio Peixoto
Que me ensinaste a paixão:
Que é da menina sardenta
Que um dia me deu um beijo
Na hora da elevação?
Ah, que coisinha sedenta
Ah, que brinquedos de mão...
Ó rua Dona Mariana
Que me fazíeis morrer
Ao som triste dos estudos
De piano no entardecer...

Ó Colégio Santo Inácio
Onde me bacharelei
Ah, se o meu verso contasse
As confissões que não fiz
As preces que não rezei...
Passagem, Real Grandeza
Voluntários! Sorocaba...
Nesta começa a tristeza
Naquela a infância se acaba...
Sempre que via à janela
A prima do interior
Por trás, com toda a cautela
Ia erguendo a saia dela
E me aninhava, tremendo
Como um cãozinho no amor.
Ó Generais Polidoro
E Severiano...: Leonor!
Leonor era minha escrava
O que eu pedia, me dava
Não sabia dizer não:
Que lindo minha mão branca
Como uma ave pousada
Sobre a sua pretidão...
Que é de Malvina? a mulata
Me amava com tal furor
Que enquanto manipulava
Minhas coisinhas contentes
Rezava, rilhando os dentes
No fogo de tanto amor...
Ó tu que me violaste
Obrigado, mulher de cor!

Ó luas de Botafogo...

OURO PRETO, 29/03/1966

balada de di cavalcanti

Carioca Di Cavalcanti
É com a maior emoção
Que este também carioca
Te traz esta saudação.
É de todo o coração
Poeta Di Cavalcanti
Que este também poetante
Te faz esta sagração.
Amigo Di Cavalcanti
Amigo de muito instante
De muita situação
Dos teus treze lustros idos
Cinco foram bem vividos
Na companhia constante
Deste também teu irmão:
Quantos amigos partiram!
Quantos ainda partirão!
Mestre pintor Emiliano
Augusto Cavalcanti
De Albuquerque: ou melhor, Di
Um ano segue a outro ano...
Mas que tem?... se mais humano
Fica um homem (igual a ti!)
Viveste, Di Cavalcanti
Foste amigo e foste amante
Não há outro igual a ti.
Juntos bebemos *champagne*
Mescal, uísque, parati.
Juntos rimos e choramos
No México e em Paris.
Quantas mulheres amamos!
Quantas Marias perdi!

A muitas eu disse *yes*
A muitas disseste *oui*
Nos separamos de tantas
Mas nunca nos separamos!
Amigo Di Cavalcanti
A hora é grave e inconstante.
Tudo aquilo que prezamos
O povo, a arte, a cultura
Vem sendo desfigurado
Pelos homens do passado
Que por terror ao futuro
Optaram pela tortura.
Poeta Di Cavalcanti
Nossas coisas bem-amadas
Nesse mesmo exato instante
Estão sendo desfiguradas.
Hay que luchar, Cavalcanti
Como diria Neruda.
Por isso, pinta, pintor
Pinta, pinta, pinta, pinta
Pinta o ódio e pinta o amor
Com o sangue de tua tinta
Pinta as mulheres de cor
Na sua desgraça distinta
Pinta o fruto e pinta a flor
Pinta tudo que não minta
Pinta o riso e pinta a dor
Pinta sem abstracionismo
Pinta a Vida, pintador
No teu mágico realismo!
Carioca Di Cavalcanti:
Na rua Riachuelo
Nasceste, a 6 de setembro
Do ano noventa e sete.

Infante, foste criado
No bairro de São Cristóvão
Na chácara do avô materno
Emiliano Rosa de Senna
(Nome de avô de pintor!)
Orgulhoso proprietário
Do antigo Morro do Pinto.
(Quem sabe não vem da herança
O teu amor às mulatas?)
Logo os bairros se renovam:
Botafogo, Glória (Hotel)
Copacabana e Catete
(O Catete de onde nunca
Deverias ter saído
E ao qual agora voltaste
Humilde e reconhecido).
Moraste no Hotel Central
E no Hotel dos Estrangeiros:
Ambos desaparecidos
E onde à tarde, entre os amigos
Tomavas, e com que gosto
O melhor uísque do mundo!
Paquetá, "um céu profundo
Que não sabe onde acabar"
Viu-te muito passear
Ó genial vagabundo!
— Quantas vezes foste à Europa
Dize-me, grão vagamundo?

No ano de trinta e oito
Em Paris te descobri
Rimos e bebemos muito
Nos bares de por ali
Lembras-te, Di? Consue-

Lo de Saint-Exupéry
Saía sempre conosco
E mais o sargento Thyrso
Que uma noite, lá, por pouco
Não sai no braço comigo.
Como foste meu irmão!
Como eu fiquei teu amigo!
E no México, te lembras?
Com Neruda e com Siqueiros
E a linda Maria Asúnsolo
Que tenia blanco el pelo
Bebemos tanto tequila
Que até dava gosto ver-nos
A comer com gulodice
Um prato de *tacos* pleno!
Mais de setecentas luas
Ungiram tua cabeça
Que hoje é branca como a lua
Mas continua travessa...
Que bom existas, pintor
Enamorado das ruas
Que bom vivas, que bom sejas
Que bom lutes e construas:
Poeta o mais carioca
Pintor o mais brasileiro
Entidade a mais dileta
Do meu Rio de Janeiro
— Perdão, meu irmão poeta:
Nosso Rio de Janeiro!

as mimosas cravinas

ELA — Ô abre alas, que eu quero passar!
Ô abre alas, que eu quero passar!
Não sei por quê, mas eu quero passar!
Não sei por quê, mas eu quero passar!
ELE — Quem é você que eu não conheço não?
ELA — Eu sou a flor da nova geração!

ELE — Vem Kafka, mulata?
ELA — Não vou lá não
Sou Kierkegaard
De coração
Durmo com Sartre
Sonho com Nietzsche
E quanto ao resto
Que se fornique
O homem mesmo
Não tem remédio
Me faz Kokoschka
Que eu estou com tédio.

No meio de todo esse caos urbano move-se um ser diferente de qualquer outro no mundo: o carioca. O que é ser carioca? É ter nascido no Rio de Janeiro. Sim, é claro, e também não. Não porque ser carioca é antes de tudo um estado de espírito. Ser carioca é uma definição de personalidade. Charles Chaplin é carioca. A princesa Margaret é carioca, e já Townsend não é, Marilyn Monroe é dos seres mais cariocas que há na face da terra. Como cariocas são Orson Welles, dois Pablos: Picasso e Neruda, Louis Armstrong, Ilya Ehrenburg, o príncipe Ali Khan e Marlene Dietrich. Porque ser carioca, mais ainda que ser parisiense, é sentir-se perfeitamente integrado com a sua cidade e o seu meio; é portar roupas como um carioca; é saber das coisas antes que elas sejam ditas; é detestar trabalhar (mas trabalhar); é adorar flanar e bater papo no meio de milhões de compromissos; é acreditar que tudo se arranja (e arranja mesmo); é ser portador não de acidez, mas de certa adstringência como a dos cajus; é gostar de estar sempre chegando e não querer nunca ir embora; é ter ritmo em tudo para tudo; é ter em alta dose o senso do ridículo e da oportunidade; é gostar de gente mesmo falando mal; é gostar de banho de chuveiro; é amar todas as coisas que maldiz; é saber conhecer outro carioca no estrangeiro, só pelo modo de andar e se vestir. Isso é ser carioca.

chorando pra pixinguinha

MÚSICA: TOQUINHO

Meu velho amigo
Chorão primeiro
Tão Rio antigo
Tão brasileiro

Teu companheiro
Chora contigo...

... Toda a dor de ter vivido
O que não volta nunca mais.
E na emoção deste chorinho carinhoso
Te pede uma bênção
De amor e de paz.

MAR DEL PLATA, FEV. 1971

relação das fontes originais

cartão-postal
Retirado de prova tipográfica (AMLB,
Fundação Casa de Rui Barbosa).

modinha
Retirado de prova tipográfica (AMLB,
Fundação Casa de Rui Barbosa).

a cidade antiga
Retirado de prova tipográfica (AMLB,
Fundação Casa de Rui Barbosa); algumas
questões editoriais foram solucionadas
comparando-a com originais datilografados
do mesmo poema (AMLB, Fundação Casa
de Rui Barbosa).

a cidade em progresso
Retirado de prova tipográfica (AMLB,
Fundação Casa de Rui Barbosa).

lopes quintas (a rua onde nasci)
Retirado de prova tipográfica (AMLB,
Fundação Casa de Rui Barbosa); algumas
questões editoriais foram solucionadas
comparando-a com originais datilografados
do mesmo poema (AMLB, Fundação Casa
de Rui Barbosa).

o namorado das ruas
Retirado de prova tipográfica (AMLB,
Fundação Casa de Rui Barbosa).

redondilhas a laranjeiras
Retirado de prova tipográfica (AMLB,
Fundação Casa de Rui Barbosa).

a volta do filho pródigo
Retirado da coletânea *O poeta apresenta
o poeta* (sel. e pref. de Alexandre O'Neill,
Lisboa: Dom Quixote, 1969. Coleção
Cadernos de Poesia, v. 4). Em prova
tipográfica, tem como título "Cartão"
(AMLB, Fundação Casa de Rui Barbosa).

lembrete
Retirado da coletânea *O falso mendigo*
(sel. de Marilda Pedroso, com xilogravuras de
Luiz Ventura. Rio de Janeiro: Fontana, 1978).

a lira que não escreveu gonzaga
Retirado de prova tipográfica (AMLB,
Fundação Casa de Rui Barbosa); algumas
questões editoriais foram solucionadas
comparando-a com originais datilografados
do mesmo poema (AMLB, Fundação Casa
de Rui Barbosa).

o corta-jaca
Retirado de prova tipográfica (AMLB, Fundação Casa de Rui Barbosa).

história do samba
Retirado de prova tipográfica (AMLB, Fundação Casa de Rui Barbosa).

jogos e folguedos
Retirado de prova tipográfica (AMLB, Fundação Casa de Rui Barbosa).

jogo de empurra
Retirado de prova tipográfica (AMLB, Fundação Casa de Rui Barbosa); algumas questões editoriais foram solucionadas comparando-a com originais datilografados do mesmo poema (AMLB, Fundação Casa de Rui Barbosa).

tanguinho macabro
Retirado de prova tipográfica (AMLB, Fundação Casa de Rui Barbosa); algumas questões editoriais foram solucionadas comparando-a com originais datilografados do mesmo poema (AMLB, Fundação Casa de Rui Barbosa).

cidadão da gávea
Retirado de original datilografado com
observações à caneta (AMLB, Fundação
Casa de Rui Barbosa).

ilha do governador (meio-dia em cocotá)
Retirado da coletânea *O falso mendigo*
(sel. de Marilda Pedroso, com xilogravuras de
Luiz Ventura. Rio de Janeiro: Fontana, 1978).

a primeira namorada
Retirado da coletânea *O falso mendigo*
(sel. de Marilda Pedroso, com xilogravuras de
Luiz Ventura, Rio de Janeiro: Fontana, 1978).

rua do catete (faculdade de direito)
Retirado de original datilografado (AMLB,
Fundação Casa de Rui Barbosa); algumas
questões editoriais foram solucionadas
comparando-o com outros originais
datilografados e emendados à caneta
do mesmo poema (AMLB, Fundação Casa
de Rui Barbosa).

rua das acácias
Retirado de original datilografado (AMLB,
Fundação Casa de Rui Barbosa).

minha lapa
Retirado da coletânea *O falso mendigo*
(sel. de Marilda Pedroso, com xilogravuras de
Luiz Ventura. Rio de Janeiro: Fontana, 1978).

soneto do café lamas
Retirado da coletânea *O falso mendigo*
(sel. de Marilda Pedroso, com xilogravuras de
Luiz Ventura. Rio de Janeiro: Fontana, 1978).

avenida rio branco
Retirado de original datilografado (AMLB,
Fundação Casa de Rui Barbosa).

copacabana
Retirado de *Novos poemas* (*II*) (1959).

rua conde de lage
Retirado da coletânea *O falso mendigo*
(sel. de Marilda Pedroso, com xilogravuras de
Luiz Ventura. Rio de Janeiro: Fontana, 1978).

balada das lavadeiras
Retirado de original datilografado com
observações a lápis (AMLB, Fundação
Casa de Rui Barbosa).

balada de botafogo
Retirado de original datilografado (AMLB,
Fundação Casa de Rui Barbosa).

balada de di cavalcanti
Retirado de original datilografado (AMLB,
Fundação Casa de Rui Barbosa).

as mimosas cravinas
Retirado de original datilografado (AMLB,
Fundação Casa de Rui Barbosa); algumas
questões editoriais foram solucionadas
comparando-o com outros originais
datilografados do mesmo poema (AMLB,
Fundação Casa de Rui Barbosa).

chorando pra pixinguinha
Letra de música, em parceria com Toquinho,
gravada no álbum *São demais os perigos
desta vida...* pela RGE Discos (1972).

**obra poética
publicada pelo poeta***

O caminho para a distância. Rio de Janeiro:
     Schmidt, 1933.
Forma e exegese. Rio de Janeiro: Pongetti, 1935.
Ariana, a mulher. Rio de Janeiro: Pongetti, 1936.
Novos poemas. Rio de Janeiro: José Olympio,
     1938.
Cinco elegias. Rio de Janeiro: Pongetti, 1943.
*Poemas, sonetos e baladas: Com 22 desenhos
     de Carlos Leão*. São Paulo: Gaveta, 1946.
Pátria minha. Barcelona: O Livro Inconsútil, 1949.
Antologia poética. Rio de Janeiro: A Noite, 1954.
Livro de sonetos. Rio de Janeiro: Livros de
     Portugal, 1957.
Novos poemas (II). Rio de Janeiro: São José, 1959.
Para viver um grande amor (crônicas e poemas).
     Rio de Janeiro: Editora do Autor, 1962.
Livro de sonetos. 2. ed. aum. Rio de Janeiro:
     Sabiá, 1967.
Obra poética. Org. de Afrânio Coutinho
     com assistência do autor. Rio de Janeiro:
     Aguilar, 1968.
O mergulhador. Ilustr. de Pedro Moraes.
     Rio de Janeiro: Atelier de Arte, 1968.
O poeta apresenta o poeta. Sel. e pref. de
     Alexandre O'Neill. Lisboa: Dom Quixote,
     1969. Coleção Cadernos de Poesia, v. 4.
A arca de Noé. Rio de Janeiro: Sabiá, 1970.

*História natural de Pablo Neruda: A elegia
   que vem de longe.* Xilogravuras de Calasans
   Neto. Salvador: Macunaíma, 1974.
A casa. Capa de Carlos Bastos. Salvador:
   Macunaíma, 1975.
Breve momento: Sonetos. Rio de Janeiro:
   Lithos Ed. de Arte, 1977.
O falso mendigo. Sel. de Marilda Pedroso, com
   xilogravuras de Luiz Ventura. Rio de Janeiro:
   Fontana, 1978.

* Foram considerados, aqui, somente os volumes de
poesia em que novos poemas surgiram em sua obra,
restando, pois, reedições, atualizações ou coletâneas
que não trouxeram novidade. É preciso ressalvar que
seu livro de crônicas *Para uma menina com uma
flor* (Rio de Janeiro: Editora do Autor, 1966) traz como
preâmbulo o terceiro poema da série "A brusca poesia
da mulher amada", inédito à época.

**sobre o poeta,
recomendado pelo organizador**

BANDEIRA, Manuel. "Coisa alóvena, ebaente".
In: MORAES, Vinicius de. *Obra poética*.
Rio de Janeiro: Aguilar, 1968. pp. 656-8.
BOSCO, Francisco. "A mulher original". In: MORAES,
Vinicius de. *Para viver um grande amor*.
São Paulo: Companhia das Letras, 2010.
pp. 197-204.
CASTELLO, José. "Apresentação". In: MORAES,
Vinicius de. *Roteiro lírico e sentimental da
cidade do Rio de Janeiro, e outros lugares
por onde passou e se encantou o poeta*. São
Paulo: Companhia das Letras, 1992. pp. 13-5.
_____. "Apresentação". In: MORAES, Vinicius de.
As coisas do alto: Poemas de formação.
São Paulo: Companhia das Letras, 1993. pp. 7-11.
_____. "A utilidade do inútil". In: _____. *Sábados
inquietos: As 100 melhores crônicas de José
Castello*. São Paulo: LeYa, 2013. pp. 43-4.
_____. *Vinicius de Moraes: Uma geografia poética*.
Rio de Janeiro: Relume, 2005. pp. 73-100.
_____. *Vinicius de Moraes, o poeta da paixão:
Uma biografia*. São Paulo: Companhia das
Letras, 1994.
CANDIDO, Antonio. "Um poema de Vinicius de
Moraes". In: MORAES, Vinicius de. *Poemas,
sonetos e baladas/ Pátria minha*. São Paulo:
Companhia das Letras, 2008. pp. 159-62.

CANDIDO, Antonio. "Vinicius de Moraes". In: *O observador literário*. Rio de Janeiro: Ouro Sobre Azul, 2004. p. 103.

CICERO, Antonio; FERRAZ, Eucanaã (Orgs.). "Introdução". In: MORAES, Vinicius de. *Nova antologia poética*. São Paulo: Companhia das Letras, 2005. pp. 7-13.

_____. "Notas sobre Vinicius de Moraes". *Folha de S. Paulo*, São Paulo, 9 ago. 2008.

COELHO, Eduardo. "Poeta de muitas técnicas". In: MORAES, Vinicius de. *Novos poemas/ Cinco elegias*. São Paulo: Companhia das Letras, 2012. pp. 105-20.

FARIA, Otávio de. *Dois poetas*. Rio de Janeiro: Ariel, 1935.

FERRAZ, Eucanaã. "Simples, invulgar". In: MORAES, Vinicius de. *Poemas esparsos*. São Paulo: Companhia das Letras, 2008. pp. 163-79.

_____. "Um poeta entre a luz e a sombra". *Revista Língua Portuguesa*. São Paulo, 27 jan. 2008.

_____. *Vinicius de Moraes*. São Paulo: Publifolha, 2006. Coleção Folha Explica.

GIL, Daniel. *A poesia esparsa de Vinicius de Moraes: Uma leitura de inéditos e (des)conhecidos*. São Paulo: Todas as Musas, 2018.

_____. "O grotesco e a poesia de Vinicius de Moraes". *Revista Acadêmica Todas as Musas*, ano 9, n. 1, pp. 143-60, jul.-dez. 2017.

GULLAR, Ferreira. "O caminho do poeta". In: MORAES, Vinicius de. *Poemas esparsos*. São Paulo: Companhia das Letras, 2008. pp. 200-4.

LARA REZENDE, Otto. "O caminho para o soneto". In: MORAES, Vinicius de. *Livro de sonetos*. 2. ed. aum. Rio de Janeiro: Sabiá, 1967. pp. 5-17.

MARQUES, Ivan. "Um claro na treva". In: MORAES, Vinicius de. *Novos poemas (II)*. São Paulo: Companhia das Letras, 2012. pp. 59-69.

MILLIET, Sérgio. "Outubro, 29". In: MORAES, Vinicius de. *Poemas, sonetos e baladas/ Pátria minha*. São Paulo: Companhia das Letras, 2008. pp. 153-8.

MORAES, Laetitia Cruz de. "Vinicius, meu irmão". In: MORAES, Vinicius de. *Vinicius de Moraes: Música, poesia, prosa, teatro*. Org. de Eucanaã Ferraz. Rio de Janeiro: Nova Fronteira, 2017. v. 1, pp. 13-34.

MOURÃO FERREIRA, David. "A descoberta do amor". In: MORAES, Vinicius de. *Obra poética*. Rio de Janeiro: Aguilar, 1968. pp. 676-98.

PORTELLA, Eduardo. "Do verso solitário ao canto coletivo". In: MORAES, Vinicius de. *Novos poemas (II)*. São Paulo: Companhia das Letras, 2012. pp. 73-8.

SANTA CRUZ, Luiz. "O soneto na poesia de Vinicius de Moraes". In: MORAES, Vinicius de. *Livro de sonetos*. Rio de Janeiro: Livros de Portugal, 1957. pp. i-xi.

SECCHIN, Antonio Carlos. "Os caminhos de uma estreia". In: MORAES, Vinicius de. *O caminho para a distância*. São Paulo: Companhia das Letras, 2008. pp. 75-80.

WENNER, Liana. *Vinicius portenho*. Trad. de Diogo de Hollanda. Rio de Janeiro: Casa da Palavra, 2012.

WISNIK, José Miguel. "A balada do poeta pródigo". In: MORAES, Vinicius de. *Poemas, sonetos e baladas/ Pátria minha*. São Paulo: Companhia das Letras, 2008. pp. 143-50.

sobre o autor

VINICIUS DE MORAES nasceu em 1913, no Rio
de Janeiro. Formou-se na Faculdade de Direito,
no Rio, e estudou literatura inglesa na Universidade
de Oxford. Foi diplomata e um dos maiores
poetas da língua portuguesa. Seu livro de estreia,
O caminho para a distância, veio a público em
1933, quando Vinicius tinha dezenove anos.
Destacou-se também como cronista, crítico
de cinema, dramaturgo e letrista. Foi um dos
criadores da bossa nova, em parceria com Tom
Jobim e João Gilberto, e marcou em definitivo
o cancioneiro popular ao lado de Carlos Lyra,
Baden Powell, Toquinho, Edu Lobo, entre outros.
Morreu aos 66 anos, em 1980, no Rio.

índice de títulos e primeiros versos

A cidade antiga, 31
A cidade em progresso, 36
A lira que não escreveu Gonzaga, 48
A primeira namorada, 68
As mimosas cravinas, 97
Avenida Rio Branco, 77
A volta do filho pródigo, 43

Balada das lavadeiras, 84
Balada de Botafogo, 90
Balada de Di Cavalcanti, 93

Cartão-postal, 28
Chorando pra Pixinguinha, 99
Cidadão da Gávea, 64
Copacabana, 78

*E gostaria de falar do bairro onde nasci,
a Gávea...*, 38

*Há, naturalmente, os que dizem: "Ah, o Rio
do meu tempo..."*, 30
História do samba, 56

Ilha do Governador (meio-dia em Cocotá), 67

Jogo de empurra, 59
Jogos e folguedos, 57

Lembrete, 46
Lopes Quintas (a rua onde nasci), 39

Minha Lapa, 74
Modinha, 29

*No meio de todo esse caos urbano
move-se um ser diferente...*, 98

O corta-jaca, 52
O namorado das ruas, 40

Que a cidade mudou, basta olhar, 35

Redondilhas a laranjeiras, 42
Rua Conde de Lage, 82
Rua das Acácias, 72
Rua do Catete (Faculdade de Direito), 70

Soneto do Café Lamas, 76

Tanguinho macabro, 60

COPYRIGHT © 2018 BY V. M. EMPREENDIMENTOS ARTÍSTICOS E CULTURAIS LTDA.
WWW.VINICIUSDEMORAES.COM.BR

O ORGANIZADOR AGRADECE À VM CULTURAL E À FUNDAÇÃO CASA DE RUI
BARBOSA; A ELIANE VASCONCELOS E A ANTONIO CARLOS SECCHIN; E A EUCANAÃ
FERRAZ, QUE POSSIBILITOU A CONCEPÇÃO DESTA OBRA.

A CONVITE DA EDITORA, A ARTISTA JULIANA RUSSO VIAJOU AO RIO DE JANEIRO
EM AGOSTO DE 2018 ESPECIALMENTE PARA ESTE PROJETO. À EXCEÇÃO DOS
MAPAS, A CIDADE RETRATADA É A DE HOJE, E NÃO A DA ÉPOCA DO POETA.

GRAFIA ATUALIZADA SEGUNDO O ACORDO ORTOGRÁFICO DA LÍNGUA
PORTUGUESA DE 1990, QUE ENTROU EM VIGOR NO BRASIL EM 2009.

CAPA E PROJETO GRÁFICO Claudia Warrak

ILUSTRAÇÕES DE CAPA E DE MIOLO Juliana Russo

IMAGENS DE MIOLO Arquivo Vinicius de Moraes —
Fundação Casa de Rui Barbosa

COORDENAÇÃO EDITORIAL Eucanaã Ferraz

PREPARAÇÃO Silvia Massimini Felix

REVISÃO Huendel Viana e Angela das Neves

DADOS INTERNACIONAIS DE CATALOGAÇÃO NA PUBLICAÇÃO (CIP)
(CÂMARA BRASILEIRA DO LIVRO, SP, BRASIL)

MORAES, VINICIUS DE, 1913-1980.
ROTEIRO LÍRICO E SENTIMENTAL DA CIDADE DE SÃO SEBASTIÃO
DO RIO DE JANEIRO, ONDE NASCEU, VIVE EM TRÂNSITO E MORRE
DE AMOR O POETA VINICIUS DE MORAES / ORGANIZAÇÃO
E APRESENTAÇÃO DE DANIEL GIL ; ILUSTRAÇÕES DE JULIANA
RUSSO. — 1ª ED. — SÃO PAULO : COMPANHIA DAS LETRAS, 2018.

ISBN 978-85-359-3165-5

1. POESIA BRASILEIRA 2. POETAS BRASILEIROS 3. MORAES,
VINICIUS DE, 1913-1980 4. RIO DE JANEIRO (RJ) — POESIA
BRASILEIRA I. GIL, DANIEL. II. TÍTULO

18-19637   CDD-869.1

ÍNDICE PARA CATÁLOGO SISTEMÁTICO:
1. POESIA : LITERATURA BRASILEIRA 869.1

IOLANDA RODRIGUES BIODE — BIBLIOTECÁRIA — CRB-8/10014

[2018]
Todos os direitos desta edição reservados à
EDITORA SCHWARCZ S.A.
Rua Bandeira Paulista, 702, cj. 32
04532-002 — São Paulo — SP
Telefone: (11) 3707-3500
www.companhiadasletras.com.br
www.blogdacompanhia.com.br
facebook.com/companhiadasletras
instagram.com/companhiadasletras
twitter.com/cialetras

ESTA OBRA FOI COMPOSTA EM NEUE HAAS
POR CLAUDIA WARRAK E IMPRESSA EM OFSETE
PELA GEOGRÁFICA SOBRE PAPEL PÓLEN BOLD
DA SUZANO PAPEL E CELULOSE PARA
A EDITORA SCHWARCZ EM OUTUBRO DE 2018

A MARCA FSC® É A GARANTIA DE QUE A MADEIRA UTILIZADA
NA FABRICAÇÃO DO PAPEL DESTE LIVRO PROVÉM DE FLORESTAS
QUE FORAM GERENCIADAS DE MANEIRA AMBIENTALMENTE
CORRETA, SOCIALMENTE JUSTA E ECONOMICAMENTE VIÁVEL,
ALÉM DE OUTRAS FONTES DE ORIGEM CONTROLADA.